Felicitas Römer

Bleib locker, Mama!

Warum Eltern mit Gelassenheit weiterkommen

DAS ELTERNMAGAZIN FÜR DIE KITAZEIT

Inhalt

Einfach mal faul sein zu dürfen tut der ganzen Familie gut

Nehmen Sie sich Zeit

1

Einen gelassenen Erziehungsstil kann man erlernen

Fröhlicher Trubel auf dem Kinderspielplatz. *Der vierjährige Felix kraxelt das große Klettergerüst hoch. Seine Mutter sitzt auf einer Bank in der Nähe und plaudert entspannt mit einer Freundin. Felix erklimmt die Spitze des spinnennetzartigen Gerüsts und strahlt über das ganze Gesicht. Seine Mutter winkt ihm zu. Die vierjährige Marie will auch klettern. Flink zieht sie sich die ersten Sprossen hoch. Da eilt ihre Mutter herbei und ruft: „Marie, lass das mal lieber! Nachher fällst du noch runter und tust dir weh!" Marie mault. Zu gerne wäre sie da ganz oben wie Felix. Gleichzeitig bekommt sie aber auch ein bisschen Angst. Frustriert steigt Marie herunter und geht zur Schaukel. Ihre Mutter seufzt erleichtert auf, macht sich jedoch zugleich Vorwürfe: „Bin ich zu ängstlich oder zu streng? Warum kann ich nicht so souverän sein wie die Mutter dort drüben auf der Bank?"*

Wer kennt das nicht? Manchmal möchte man geduldiger mit seinem Kind sein, sich weniger Sorgen machen, nicht so schnell genervt sein – einfach alles etwas entspannter sehen können. Wer hat nicht den Wunsch, seinen Alltag lässig zu stemmen und auch in stressigen Phasen souverän zu bleiben? Geradeso wie die Supermama im Werbespot, die immer alles locker unter Kontrolle zu haben scheint und immerzu fröhlich lächelt.

Doch im Umgang mit Kindern stets gelassen zu bleiben, ist gar nicht so einfach. Auch Eltern haben schließlich Gefühle, Schwächen und Ängste. Und es ist absolut menschlich, auch einmal übervorsichtig, ärgerlich oder wütend zu werden. Wie unnatürlich wäre es, wenn sich Eltern alle Gefühlsausbrüche verkneifen würden. Und dennoch: Ein gutes Quäntchen Gelassenheit schont nicht nur die Nerven aller Beteiligten. Es hilft auch, brisante Familiensituationen zu entschärfen und Konflikte schneller zu lösen. Insofern kann es sehr nützlich sein, wenn Mütter und Väter an ihrer „Gelassenheitskompetenz" arbeiten. Bevor wir uns nun anschauen, wie das überhaupt gehen kann, sollten wir uns klarmachen, was unter Gelassenheit genau zu verstehen ist – und was nicht.

> Gelassenheit kann uns helfen, im Familienalltag den Überblick zu behalten.

Kinder wachsen lassen

Der Begriff „Gelassenheit" stammt von dem mittelhochdeutschen Wort „gelāzenheit", das so viel bedeutet wie „Gottergebenheit". Heute wird unter Gelassenheit eine grundsätzliche Lebenshaltung verstanden, die es uns ermöglicht, auch in schwierigen Situationen innerlich und äußerlich ruhig zu bleiben. Konflikte und Probleme werden dann nicht als Bedrohung und Belastung erlebt, sondern als zu lösende Aufgaben betrachtet.

Gelassen zu erziehen meint also die Fähigkeit, auch in stressigen Situationen mit den Kindern ruhig zu bleiben und besonnen zu handeln. Dazu gehört ein gewisses Maß an Souveränität. Das Gefühl von Souveränität entsteht, wenn man auch in heiklen Situationen den Überblick behält. Denn dann fühlt man sich handlungsfähig, ist „Herr der Lage". Wer sich hingegen hilflos oder überfordert fühlt, dem fällt es naturgemäß schwerer, gelassen zu bleiben. Ärger, Angst und Wut sind oft Ausdruck eines Gefühls der Hilflosigkeit. Gelassenheit bedeutet hingegen nicht, dem Kind alles zu gestatten oder durchgehen zu lassen. Mit einer antiautoritären, verwöhnenden oder überbehütenden Erziehung hat eine gelassene Grundhaltung wenig zu tun. Es geht vielmehr darum, mithilfe einer gelassenen Einstellung ein Familienklima zu schaffen, in dem Kinder und Eltern einigermaßen harmonisch miteinander leben können. Kinder fühlen sich bei gelassenen Eltern wohl und geborgen. Sie sind entspannter und können sich in ihrem eigenen Tempo gut und relativ stressfrei entwickeln. Gelassenheit hat auch nichts mit Gleichgültigkeit zu tun. Ein Vater zum Beispiel, der sich nicht für die Ängste seines Kindes interessiert oder diese herunterspielt, verhält sich nicht gelassen, sondern wenig feinfühlig. Gelassener zu werden ist ein Reifeprozess. Souveräner und gelasse-

Annehmen und akzeptieren

- Gelassene Eltern sind in der Lage, sich emotional gut auf ihr Kind einzustellen und seine unterschiedlichen Gefühlszustände wahrzunehmen und auszuhalten.

- Sie können ihr Kind auch mal Kind sein lassen, ohne es zu belehren, zu korrigieren oder ihm Anweisungen zu geben.

- Sie akzeptieren, dass ihr Kind noch viel zu lernen hat und sie es dabei geduldig begleiten müssen.

- Sie wissen, dass ihr Kind naturgemäß anders ist als sie selbst und somit andere Bedürfnisse und andere Wünsche hat; sie können ihr Kind in seinem Anderssein annehmen.

- Sie verstehen die daraus resultierenden familieninternen Interessenskonflikte, sehen sie jedoch nicht als Bedrohung an, sondern als Aufgabe, die es zu bewältigen gilt.

Der Weg zur Gelassenheit beginnt in unserem Kopf.

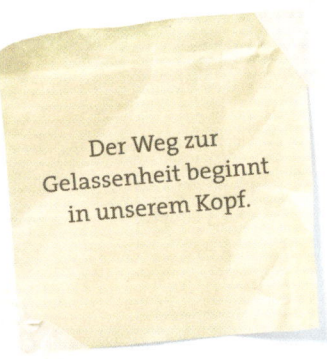

ner werden wir nicht von heute auf morgen. Vielmehr entsteht Gelassenheit, wenn und weil wir an unseren Aufgaben wachsen. Denn dann merken wir, dass wir entwicklungsfähig sind. Wir erleben uns als selbstwirksam. Je mehr Probleme wir schon bewusst bewältigt haben, desto größer wird das Vertrauen in unsere Kompetenz, auch weiterhin mit Schwierigkeiten umgehen zu können.

Allerdings gehört zur Gelassenheit auch die Fähigkeit, seine eigenen Grenzen zu akzeptieren und einzusehen, dass bestimmte Dinge nicht zu ändern sind.

Um gelassener zu werden, ist es auch hilfreich zu wissen, dass Kinder ihre Eltern ohne böse Absicht nerven, sozusagen „aus Versehen". Denn hinter (fast) jedem trotzigen oder „anstrengenden" Verhalten steckt ein ganz normales kindliches Bedürfnis oder ein innerer Konflikt. Je mehr sich also Eltern darum bemühen, Verständnis für ihr Kind zu entwickeln, desto leichter wird es ihnen auch fallen, gelassen auf sein Verhalten zu reagieren.

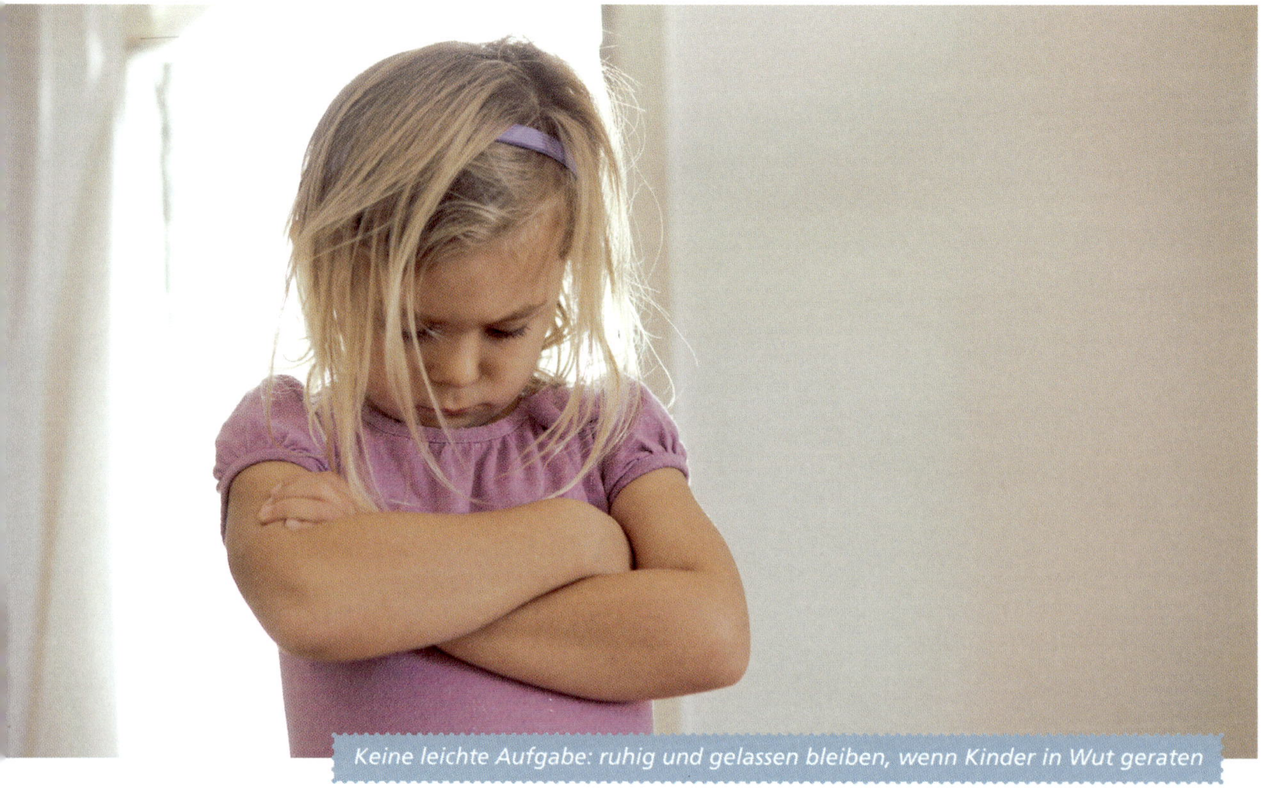

Keine leichte Aufgabe: ruhig und gelassen bleiben, wenn Kinder in Wut geraten

Eltern können an ihrer Haltung arbeiten

Gelassenheit ist keine „gottgegebene" Eigenschaft, sondern eine Haltung, die man sich aneignen kann. Gelassenheit ist auch keine Frage des Temperaments oder des Charakters, sondern der inneren Einstellung dem Leben gegenüber. Und genau deshalb lässt sich ein gelassenerer Erziehungsstil auch erlernen.

Das Wichtigste, was Eltern dabei brauchen, ist Geduld – mit dem Kind, aber ganz besonders mit sich selbst. Wer von sich zu viel erwartet, wird zwangsläufig enttäuscht werden. Deshalb ist es auch ratsam, aus dem „Prinzip Gelassenheit" kein Dogma zu machen. Denn dann wird der Vorsatz, gelassen zu sein, womöglich zum Bumerang: Er verursacht Stress und Druck – und das ist kontraproduktiv. Gehen Sie das Projekt „Mehr Gelassenheit" also auch gelassen an. Freuen Sie sich

> *Gelassenheit lässt sich nicht erzwingen und sollte auch nicht zu einem neuen Anspruch werden, der wieder Stress erzeugt.*

einfach, wenn Sie es schaffen, zuversichtlich und souverän zu reagieren. Und ärgern Sie sich nicht, wenn es Ihnen einmal nicht so recht gelingen mag. Auch Eltern müssen schließlich lernen, mit den vielfältigen Gefühlen umzugehen, die ihre Kinder bei ihnen auslösen. Geben Sie sich Zeit!

Lassen üben

Gelassenheit hat – wie der Name schon verrät – viel mit „lassen" zu tun. Damit ist das Gegenteil von hektischem Aktionismus und Dauerkontrolle gemeint. Und das gilt auch in der Erziehung. Überlegen Sie also:

- Was könnten Sie im Alltag lassen, weil es vielleicht ohnehin nicht den gewünschten Effekt erzielt?

- Können Sie es (gelegentlich) lassen, Ihr Kind zu ermahnen oder zu korrigieren?

- Können Sie Ihr Kind in Ruhe spielen, klettern, malen oder träumen lassen, ohne es zu unterbrechen?

- Experimentieren Sie mit Ihren Ideen und beobachten Sie, was dann passiert: Wie fühlt sich dieses „Lassen" an und welche Reaktion zeigt Ihr Kind darauf?

Frühstück im Karton? Der Familienalltag braucht Regeln, aber auch Raum für Kreativität

Stress, lass nach!

2

So vereinfachen Sie den Alltag mit Kindern

Es ist sieben Uhr morgens. *Die Mutter von Oskar (3 Jahre) und Johanna (5 Jahre) hat bereits den Hund ausgeführt und das Frühstück vorbereitet. Ihr Mann ist schon aus dem Haus. In einer Stunde muss sie selbst im Büro sein – und zwar pünktlich. Oskar ist müde und will nicht aufstehen. Johanna kramt im Schrank herum und sucht ihren roten Rock. Den will sie nämlich heute anziehen. „Aber warum denn?", fragt ihre Mutter. „Ich habe dir doch schon deine grüne Hose herausgelegt." – „Die will ich nicht anziehen, ich will den roten Rock!", entgegnet Johanna und wühlt immer heftiger in ihren Kleidungsstücken. „Nein, du ziehst heute eine Hose an!" – „Ich will aber den Rock!", schreit Johanna. Die Mutter wird wütend: „Du ziehst jetzt sofort die grüne Hose an, sonst setzt es was! Und du, Oskar, stehst jetzt gefälligst auf!" Die Kinder gehorchen erschrocken. Ihre Mutter setzt sich erschöpft an den Tisch und hat ein schlechtes Gewissen.*

Manchmal scheint es uns unmöglich, gelassen zu bleiben. Vor allem, wenn wir unter (Zeit-)Druck stehen und noch viel zu erledigen haben, geraten wir nervlich an unsere Grenzen. Das ist verständlich. Leider bekommen dann oft die Kinder unseren Stress zu spüren, obwohl sie ja meistens gar nicht schuld daran sind. Johanna zum Beispiel hat sich einfach nur in den Kopf gesetzt, einen Rock anzuziehen. Sie tut das nicht, um ihre Mutter zu ärgern. Johanna weiß auch nichts von der Sorge ihrer Mutter, zu spät an ihrem Arbeitsplatz zu erscheinen, geschweige denn von ihrer Erschöpfung. Und selbst wenn Johanna davon gewusst hätte, könnte sie ihrer Mutter nicht helfen. Ihre Mutter ist erwachsen und selbst verantwortlich für ihre Situation. Das weiß sie auch, und deshalb hat sie jetzt ein schlechtes Gewissen.

> Wenn Eltern oft wegen Kleinigkeiten schimpfen, kann das ein Zeichen für Überforderung sein.

Rituale erleichtern den Familienalltag

Oft sind es spezielle Phasen im Alltag, in denen Eltern ungeduldig werden oder die Nerven verlieren. Gerade morgens muss alles schnell gehen, damit sie pünktlich zur Arbeit kommen und die Kinder rechtzeitig in der Kita oder in der Schule sind. Auch abends vor dem Schlafengehen, wenn die Eltern erschöpft und die Kinder überdreht oder müde sind, wird es oft noch einmal turbulent. Um diese Zeiten einigermaßen stressfrei zu gestalten, können Ihnen folgende Tipps helfen:

- Machen Sie klare und freundliche Ansagen: „Ich möchte, dass du jetzt aufstehst und dich anziehst." In diesem Fall wird nicht diskutiert.
- Manchmal hilft es, eine Botschaft mit ein bisschen Humor oder einer spielerischen Note zu würzen: „Heute müssen wir pünktlich um viertel vor acht Uhr los, das ist sehr wichtig für mich. Helft ihr mir bitte dabei, indem ihr heute mal turboschnell seid?" Je klarer Sie in Ihrer Haltung sind, desto klarer kommt auch Ihre Botschaft bei Ihren Kindern an und wird ernst genommen.

- Manchmal hilft es, Anreize zu setzen: „Wenn ihr es schafft, in fünf Minuten/bis der große Zeiger auf der Zwölf steht die Bauklötze wegzuräumen, haben wir mehr Zeit für die Gute-Nacht-Geschichte!"
- Strukturieren Sie den Alltag klar, damit die Kinder den Ablauf kennen. Kommunizieren Sie immer wieder rechtzeitig, was der nächste Schritt sein wird: „Nach dem ‚Sandmännchen' geht es ab zum Zähneputzen!"
- Gerade kleinere Kinder lieben ritualisierte und strukturierte Abläufe. Das gibt ihnen Sicherheit und Orientierung. Besonders wichtig sind Rituale am Morgen und abends vor dem Schlafengehen:

An welchen Stellschrauben können Sie drehen, um sich in Ihrem Alltag zu entlasten?

Plan für morgens – Beispiel

- 6.45–7.00 Uhr: Anziehen
- 7.00–7.20 Uhr: Frühstück
- 7.20–7.30 Uhr: Zähneputzen
- 7.30–7.45 Uhr: Schuhe und Jacken anziehen
- 7.45 Uhr: Abfahrt

Sie können eine große (digitale) Uhr bereitstellen, sodass jeder weiß, wann was stattzufinden hat.

Plan für abends – Beispiel

- Abendessen
- „Sandmännchen" schauen
- Zähneputzen und waschen
- Schlafanzug anziehen
- gemeinsam Kleider für den nächsten Tag herauslegen
- Rucksack packen
- Gute-Nacht-Geschichte lesen
- dicker Gute-Nacht-Kuss
- Dann wird das Licht ausgemacht
- Gute Nacht, schlaf schön!

Für kleinere Kinder können Sie einen bunten Plan mit Symbolen für die einzelnen Schritte malen.

Wenn Unvorhergesehenes passiert, das den Ablauf Ihres Morgen- oder Abendrituals oder sogar den gesamten Tagesplan durcheinanderbringt, atmen Sie zuerst einmal tief durch. Halten Sie einen Moment inne, anstatt sofort aus dem Bauch heraus zu agieren. Überlegen Sie: Was könnte jetzt hilfreich sein? Wie kann ich jetzt handeln?

Wie haben Sie sich verhalten, als einmal alles ganz entspannt lief? Was haben Sie getan oder gelassen? Überlegen Sie, wie Sie solche Situationen öfter herstellen können.

Kann ich dem Wunsch des Kindes nachgeben, zum Beispiel ihm erlauben, den roten Rock anzuziehen? Oder muss ich mich jetzt freundlich durchsetzen? Fällt mir ein guter Kompromiss ein? Kann ich das Thema verschieben und später wieder aufgreifen? Grundsätzlich gilt: Seien Sie nicht zu anspruchsvoll, was den Harmonielevel in Ihrer Familie angeht. Es wird immer mal wieder Ärger, Streit oder schlechte Laune geben. Das ist normal. Es gehört zum gemeinsamen Leben dazu, familieninterne Spannungen phasenweise auszuhalten. Manchmal gibt es eben auch keine perfekte Lösung. Dann muss man sich mit Kompromissen arrangieren oder die Unstimmigkeiten einfach ertragen. Das gilt für Erwachsene ebenso wie für Kinder.

Klassische Stressfallen umgehen

Wenn Eltern im Familienalltag oder im Beruf – oder in beidem – chronisch überfordert sind, sind sie erfahrungsgemäß schneller gestresst. Die Gelassenheit schwindet. In diesem Fall sollten Sie überlegen, an welchen „Stellschrauben" Sie drehen könnten, um sich zu entlasten: Wenn möglich, wöchentlich ein paar Stunden weniger arbeiten? Eine Putzhilfe organisieren? Die Haushaltspflichten mit dem Partner anders aufteilen?

Auch eine Unterforderungssituation kann für Frustration sorgen. So gibt es zum Beispiel Mütter, die sich liebevoll ihren Kindern und dem Haushalt widmen, sich geistig auf die Dauer aber unterfordert fühlen und innerlich langweilen. Das sogenannte „Boreout" droht. Sorgen Sie in diesem Fall also dafür, dass Sie geistiges „Futter" und neue Anregungen bekommen.

Tut mir leid. Ich habe heute leider so viel um die Ohren, das schaffe ich nicht!

Gerade berufstätige Mütter leiden oft unter mangelnder Unterstützung im Haushalt und in Erziehungsfragen. Die dadurch aufgestaute (verständliche!) Wut bekommen leider manchmal die Kinder zu spüren. Sollte dies bei Ihnen der Fall sein, überlegen Sie, wie Sie es schaffen können, mehr Entlastung und Unterstützung zu erhalten. Denken Sie dabei ganz pragmatisch: Wer könnte wann und wie helfen? Und fordern Sie diese Unterstützung auch konsequent ein.

Mütter neigen manchmal dazu, sich für die Familie aufzuopfern. Letztlich tut das aber niemandem gut. Denn oft wächst innerlich unbewusst der Zorn auf die Kinder und den Partner, die die Arbeit womöglich nicht genug würdigen. In diesem Fall hilft nur eines: Werden Sie egoistischer! Tun Sie öfter, was Ihnen Spaß macht und was Ihnen guttut – ganz gleich, ob das ein Instrument spielen, Trampolinhüpfen oder Motorradfahren ist …

Wenn Stress nicht zu vermeiden ist

Ein Kind wird krank, jemand aus der Familie hatte einen Unfall oder ein Umzug steht an: Solche Belastungssituationen stellen für jede Familie eine besondere Herausforderung dar. In diesen Phasen ist es besonders schwierig, gelassen zu bleiben. Und das müssen Sie auch nicht! Versuchen Sie einfach nur, mit diesen zusätzlichen Anstrengungen gut umzugehen. Das bedeutet:

Genießen Sie die Momente, in denen Sie entspannt sind und sich wohlfühlen. Speichern Sie diese positiven Gefühle ab, Ihre Psyche wird sich in ähnlichen Situationen daran erinnern.

- Reden Sie in der Familie offen über die Situation. Kinder spüren es, wenn sich ihre Eltern Sorgen machen, Kummer oder Stress haben. Es ist sinnvoll, die Belastungsfaktoren klar und für die Kinder altersangemessen zu benennen.
- Delegieren Sie Aufgaben, die Sie selbst nicht erledigen können.
- Sorgen Sie regelmäßig für Auszeiten. Ein kurzer Spaziergang, ein schönes Wannenbad oder in Ruhe einen Cappuccino trinken – manchmal reicht das schon, um sich kurz aus dem laufenden Betrieb auszuklinken und einmal bewusst durchzuatmen und Energie zu tanken.
- Sagen Sie Termine ab, die Ihnen lästig sind und die Sie problemlos nachholen können.
- Freuen Sie sich über jeden erledigten Schritt. Legen Sie eine „Already-done"-Liste an. Hier notieren Sie alles, was Sie bereits geschafft haben. Sie werden staunen, wie fleißig Sie sind!

Ansprüche herunterschrauben: Muss wirklich jedes Kleidungsstück gebügelt werden?

3

Perfektionismus ade!

In der Erziehung ist weniger oft mehr

Die vierjährige Miriam ist ein fröhliches Mädchen. In der Kita gilt sie als unkompliziert und friedlich. **In letzter Zeit fällt sie allerdings gelegentlich dadurch auf, dass sie andere Kinder kneift und beißt.** *Miriams Mutter ist entsetzt. Sie kann nicht glauben, dass ihre Tochter sich so aggressiv verhält. Gegenüber den ErzieherInnen zeigt sich Miriams Mutter empört: „Das kann nicht sein! So etwas würde Miriam nie tun!" Doch tief in ihrem Innern meldet sich das schlechte Gewissen: Hat sie in der Erziehung etwas falsch gemacht? Ist sie schuld an Miriams Verhalten? Vielleicht sollte sie strenger sein und Miriam nicht so sehr verwöhnen? Sie ist enttäuscht – von sich und von Miriam. Zuhause schickt die Mutter Miriam erst einmal barsch auf ihr Zimmer. Und Miriam versteht die Welt nicht mehr ...*

Viele Eltern haben hohe Ansprüche an sich und ihre Erziehungsleistung. Sie erwarten von sich, nahezu perfekte oder zumindest besonders gute Eltern zu sein. Und sie geben sich sehr viel Mühe, möglichst alles richtig zu machen. Das ist auch gut so. Der Vorsatz, sich bestmöglich um sein Kind zu kümmern und ihm eine liebevolle Erziehung angedeihen zu lassen, ist vollkommen in Ordnung. Alle Eltern möchten, dass es ihren Kindern gut geht, dass diese eine schöne Kindheit verleben und bestens gerüstet ins Leben starten.

Dennoch müssen Eltern darauf achten, sich mit ihren Erwartungen nicht zu sehr unter Druck zu setzen. Denn überhöhte Ansprüche, sehr konkrete Vorstellungen davon, wie das Leben zu sein hat, und zu viel Ehrgeiz machen ihnen auf Dauer das Leben schwer. Und den Kindern auch.

Es ist aber gar nicht so einfach, sich dem allgemeinen Trend zum Perfektionismus zu entziehen. Immerhin leben wir in einer Leistungsgesellschaft, in der es mehr und mehr um Erfolg und Optimierung geht – und zwar in allen Lebensbereichen. In der Erziehung und im Familienleben geht es jedoch um etwas anderes, nämlich darum, sich selbst und den Kindern einen guten und gesunden Nährboden für Wohlbefinden, Wachstum und Lebensfreude zu bereiten. Und das gelingt am besten durch Liebe, Zuwendung, Akzeptanz und Verständnis. Alle Menschen, aber ganz besonders Kinder, brauchen das Gefühl, voll und ganz angenommen zu sein. Nur im Vertrauen darauf kann sich ein Kind gut entwickeln und sein volles Potenzial entfalten – nämlich zu der Person werden, die es selbst werden möchte.

> Eltern sollten ihr Kind nicht funktionalisieren: Ein Kind ist nicht auf der Welt, um seine Eltern stolz zu machen.

Wenn Eltern sich entspannen, profitieren auch die Kinder

Warum ein schlechtes Gewissen nicht weiterhilft

Solange das Familienleben reibungslos funktioniert, sind Eltern mit sich und ihren Kindern in aller Regel zufrieden. Problematisch wird es erst, wenn sich ein Kind deutlich anders verhält und entwickelt als es die Eltern erwarten. Väter und Mütter, die hohe Anforderungen an sich und ihre Kinder stellen, leiden schnell unter Selbstzweifeln und einem schlechten Gewissen. „Bin ich schuld?", lautet ihre bange Frage. Oder: „Habe ich etwas falsch gemacht?"

Es ist sicherlich nicht verkehrt, hin und wieder sein Erziehungsverhalten kritisch zu hinterfragen und gegebenenfalls auch zu modifizieren. Schuldgefühle hingegen sind wenig hilfreich. Lassen Sie sich nicht täuschen: Schuldgefühle sind keine „ursprünglichen" Gefühle, sondern

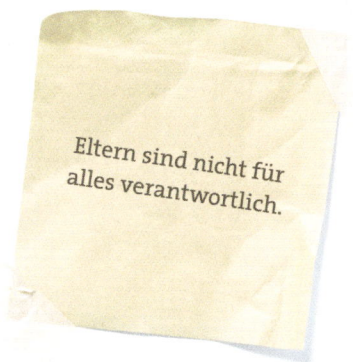
Eltern sind nicht für alles verantwortlich.

das gedankliche Resultat unserer Selbstabwertung oder Selbstbestrafung, wenn wir uns unserer Ansicht nach nicht „richtig" verhalten haben. Prüfen Sie also, wenn Sie ein schlechtes Gewissen haben, gegen welches innere Gebot Sie verstoßen haben. Und überlegen Sie auch, ob dieses Gebot angemessen und realistisch ist. So könnte aus dem Gebot „Du sollst immer geduldig sein" der realistische Vorsatz „Ich möchte geduldig sein, so gut es geht" werden.

Wenn Sie häufig unter Schuldgefühlen leiden, kann es sein, dass Sie sich dauerhaft überfordern. Das kann auf der praktischen Ebene sein (Job, Haushalt, Kinder, Ehrenamt, Hobbys etc.) und/oder auf der psychischen Ebene. Erforschen Sie deshalb hin und wieder Ihre sogenannten Glaubenssätze und Grundannahmen und überprüfen Sie diese kritisch auf ihren Nutzen. Typische Grundannahmen sind zum Beispiel: „Ich muss alles schaffen." – „Ich darf nicht versagen." – „Ich muss stark sein." – „Ich muss immer mein Bestes geben." Solche Glaubenssätze stammen oft aus der eigenen Kindheit. Sie können viel inneren Druck erzeugen und uns das Leben schwer machen. Um gelassener zu werden, gilt es, diese strengen Überzeugungen zu relativieren oder auch ganz über Bord zu werfen.

Worum es eigentlich geht: Schutz, Zuwendung und Kontakt

Natürlich sollten Eltern ihre Kinder gut auf das Leben in unserer Gesellschaft vorbereiten. Das bedeutet aber nicht, sie von Anfang an mit überhöhten Erwartungen zu konfrontieren oder sie perfekt zu erziehen. Viel wichtiger ist es, für die psychische und physische Gesundheit der Kinder zu sorgen. Denn seelische und körperliche Unversehrtheit ist immer noch die beste Basis für ein befriedigendes, glückliches und erfolgreiches Leben.

Eltern sorgen für eine gute Entwicklung ihres Kindes am besten, indem sie

- einen guten Kontakt zu ihrem Kind pflegen und ausreichend Zeit mit ihm verbringen,
- ihrem Kind körperlich und verbal Zuwendung und Zärtlichkeit geben,
- ihrem Kind Schutz und emotionale Sicherheit bieten,
- ihrem Kind als Ansprechpartner und liebevoller Begleiter zur Verfügung stehen – so gut es eben geht,
- dem Kind erlauben, seinen Gefühlen Ausdruck zu verleihen, und auf diese freundlich eingehen,
- das Kind in seinem eigenen Tempo wachsen lassen, ohne es zu früh zu Höchstleistungen anzutreiben,
- ihr Kind angemessen fördern, also seine aktuellen Interessen aufgreifen,
- sich gut um sich selbst kümmern. Kinder können unbelasteter aufwachsen, wenn es auch ihren Eltern überwiegend gut geht. Dauergestresste und überforderte Eltern sind nicht nur krankheitsanfälliger und unzufriedener, sondern auch für ihre Kinder anstrengend.

Die eigenen Erwartungen überprüfen

- Prüfen Sie öfter, ob Ihre Erwartungen an sich selbst realistisch sind. Orientieren Sie sich dabei nicht an den (vermeintlichen) Supermuttis und Powerfrauen aus den Werbespots, sondern ausschließlich an Ihren eigenen Kräften und Potenzialen: Was schaffen Sie und was eben nicht? Setzen Sie hier klare Grenzen.

- Prüfen Sie auch, ob Ihre Erwartungen an Ihr Kind (alters-)angemessen sind. Überforderte Kinder reagieren unwillig auf die Erwartungen der Eltern. Manche bekommen Kopf- oder Bauchweh ohne organischen Befund oder entwickeln Schlafstörungen. Viele reagieren auch wütend, weil sie ihrer Überforderung nicht anders Ausdruck verleihen können.

- Bedenken Sie auch, dass Ihr Kind manches einfach noch nicht können kann, zum Beispiel lange stillsitzen oder im Voraus planen. Auch das Erlernen der Impulskontrolle dauert bis ins Erwachsenenalter hinein. Gerade in diesem Bereich ist Geduld gefordert!

Das ist uns wirklich wichtig: Zeit füreinander zu haben

4

Was uns wirklich wichtig ist

Im Familienleben die richtigen Prioritäten setzen

Mira sitzt am Küchentisch und malt. *Ganz versunken lässt sie die mit Farbe beschmierten Finger über das Blatt gleiten. Nach einer Weile sagt ihre Mutter: „Mira, mach jetzt bitte Schluss, wir müssen los zum Schwimmkurs." Mira reagiert nicht. Hochkonzentriert malt sie noch ein Blatt an ihren Baum. „Mira?" – „Ich will aber nicht zum Schwimmen, ich will jetzt malen!" Miras Mutter überlegt kurz: Was ist jetzt wichtiger? Malen oder Schwimmkurs? Dann sagt sie: „Das verstehe ich gut, Mira. Es ist manchmal blöd, wenn man das unterbrechen muss, was man gerade tut. Ich kenne das. Ich weiß aber auch, dass du immer viel Spaß beim Schwimmen hast, und darum wäre es schade, wenn du heute nicht hingehen würdest." „Na gut!", seufzt Mira und steht auf. – Abends im Bett meint Mira: „Mama, der Schwimmkurs hat heute wieder voll Spaß gemacht! Bestimmt krieg ich bald mein Seepferdchen." Ihre Mutter nickt und freut sich, weil sie sich vorhin offensichtlich richtig entschieden hat.*

Da Menschen sehr unterschiedlich sind und es – glücklicherweise – kein ideologisch verbindliches Erziehungskonzept gibt, müssen wir individuell entscheiden, wie wir leben und was wir unseren Kindern mitgeben möchten. Das bedeutet einerseits viel persönlichen Freiraum und Individualität. Andererseits sind wir dadurch auch maximal gefordert: Ständig müssen wir eine eigene Meinung entwickeln, Stellung beziehen und neue Entscheidungen treffen. Und vor allem müssen wir die Verantwortung für unser Tun und Lassen tragen. Das gilt auch und besonders im Bereich der Erziehung und kann mitunter Nerven kosten.

Je besser Sie jedoch selbst wissen, was Ihnen persönlich wichtig ist, umso klarer können Sie Ihren Kindern das auch vermitteln. Den Kindern tut das gut, weil es ihnen Orientierung, Klarheit und Sicherheit gibt. Sie wissen dann, was Sie von ihnen erwarten und können sich entsprechend verhalten.

Das Wissen um die eigenen Werte und Wünsche erleichtert es Ihnen natürlich auch, sich von den Erwartungen anderer Menschen abzugrenzen. Die eigenen Werte und Wünsche zu kennen und sie in den Mittelpunkt des eigenen Handelns zu stellen, spielt eine entscheidende Rolle. Ebenso wichtig ist es aber auch, die Werte und Wünsche anderer Menschen zu respektieren.

Eine persönliche Linie finden

Manchmal ist uns gar nicht bewusst, was uns im Leben und in der Erziehung besonders wichtig ist. Oder wir verlieren unsere Werte und Wünsche aufgrund hoher Arbeitsbelastung schlichtweg immer wieder aus dem Blick. Dann erweist es sich erfahrungsgemäß auch als schwierig, im Alltag Prioritäten zu setzen und den eigenen Lebens- und Erziehungsstil zu finden.

Je unklarer wir uns darüber sind, was uns ausmacht und was für uns von Bedeutung ist, desto eher orientieren wir uns mehr oder weniger planlos an den Erwartungen, die andere an uns und unsere Kinder stellen: die eigenen Eltern, ErzieherInnen, Freunde ... Das kann nicht nur

In der Erziehung geht es darum, den Kindern die eigenen Werte vorzuleben, sie ihnen aber nicht aufzuzwingen.

für allgemeine Verwirrung („Wem soll ich es jetzt recht machen?"), sondern auch für Chaos und Überforderungszustände sorgen. Denn: Wir können es nicht allen recht machen! Wir müssen uns also bemühen, unser Familienleben immer wieder so zu gestalten, dass wir uns damit wohlfühlen. Ganz gleich, was Nachbarn oder Verwandte davon halten.

Sich über die eigenen Werte und Wünsche klar werden

Es ist sinnvoll, sich immer wieder bewusst zu machen, was Ihnen in Ihrem (Familien-)Leben besonders am Herzen liegt. Eine kleine Hilfe dabei kann es sein, wenn Sie ausprobieren, die folgenden Sätze zu vervollständigen:

- Ich möchte, dass meine Kinder ...
- Ich finde es sehr wichtig, dass wir in der Familie ...
- Mir bedeutet es sehr viel, wenn wir/mein Partner/meine Kinder ...
- Das Wichtigste, was ich meinem Kind vermitteln möchte, ist ...
- Für mein Wohlbefinden ist besonders wichtig, dass ...
- Meinen Kindern geht es besonders gut, wenn ...
- Ich erwarte von mir, dass ich ...
- Ich erwarte von meinem Partner, dass er ...
- Ich erwarte von meinen Kindern, dass sie ...
- Ich wünsche mir für mich und meine Familie ...

Ihre Vervollständigungen dieser Sätze können sich im Laufe der Zeit natürlich verändern. Das ist normal und hat etwas damit zu tun, dass sich auch unsere Bedürfnisse im Verlauf des Lebens wandeln. Lassen Sie auch Ihren Partner zu diesen Sätzen Stellung nehmen, sprechen Sie miteinander über die gewonnen Erkenntnisse und klären Sie, wie Sie mit unterschiedlichen Prioritäten umgehen wollen.

Es ist nicht nur wichtig, die eigenen Werte zu kennen, sondern diese auch klar und freundlich zu kommunizieren. Statt allgemeingültiger Aussagen, wie zum Beispiel „Ordnung muss sein!", ist es für Kinder klarer, wenn Sie zum Beispiel sagen: „Mir ist es wichtig, dass wir abends ein bisschen Ordnung schaffen. Ich fühle mich dann einfach wohler." Diese Begründung kommt viel persönlicher rüber und ist für Kinder auch besser nachzuvollziehen.

Entlastung für die Eltern: Kinder helfen im Haushalt mit

Praktisch denken und priorisieren

Auch bei der praktischen Gestaltung Ihres Familienalltags ist es hilfreich, sich gut zu strukturieren. Gerade wenn Sie von einem Termin
zum anderen hetzen und vor lauter Stress manch-
mal gar nicht mehr wissen, wo Ihnen der Kopf
steht, ist es Zeit, sich mehr Klarheit und Struktur
zu verschaffen.

Das sogenannte Eisenhower-Prinzip kann
Ihnen helfen, eine Art Prioritätenliste für Ihren
Alltag zu erstellen. Dieses Modell zur Katego-
risierung anstehender Aufgaben wird oft
im Business- und Consultingbereich ange-
wendet, kann aber auch problemlos auf den
privaten Bereich übertragen werden. Nach
dieser Methode werden anstehende Aufgaben in ihrer Wichtigkeit
und ihrer Dringlichkeit unterschieden. Wichtig sind Aufgaben, die
für uns oder unsere Angehörigen von unmittelbarer Bedeutung sind;
dringlich hingegen sind Dinge, die möglichst schnell erledigt werden
müssen.

> Jede Familie braucht ein gutes Management: bewusst planen und Prioritäten setzen.

Prioritäten-Matrix nach Eisenhower

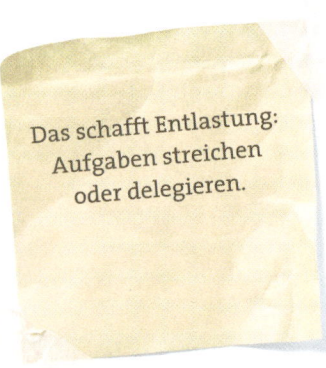

Das schafft Entlastung: Aufgaben streichen oder delegieren.

Wenn Ihnen also mal wieder der Kopf brummt, weil Sie nicht wissen, wo Sie anfangen sollen, legen Sie eine Eisenhower-Matrix an. Tragen Sie alle anstehenden Aufgaben in die passenden Felder ein. Sie werden sich wundern, wie viele Aufgaben selbst auferlegt sind und delegiert werden oder sogar direkt in den Mülleimer wandern können. Wenn Sie sich auf die Aufgaben konzentrieren, die wichtig sind, reicht das vollkommen! Und wenn Sie dann wieder mehr Zeit und Energie haben, können Sie immer noch Kuchen backen ...

Aufgabe	dringend	nicht dringend
wichtig	Eine **wichtige und dringende** Aufgabe sollten Sie am besten **selbst und sofort** erledigen. Beispiel: 🌼 unverzüglicher Arztbesuch mit dem akut kranken Kind	Eine **wichtige, aber nicht dringende** Aufgabe sollten sie terminieren und dann **später und selbst** erledigen. Beispiele: 🌼 Urlaub planen bis Ende März 🌼 am nächsten Dienstag Vorsorgetermine beim Arzt ausmachen
nicht wichtig	Eine **dringende, aber unwichtige** Aufgabe können Sie an jemanden **delegieren**, der diese dann **schnell** erledigt. Beispiele: 🌼 das Kind auffordern, den Müll rauszubringen 🌼 den Partner bitten, auf dem Nachhauseweg einen Brief einzuwerfen 🌼 eine andere Mutter bitten, den Kuchen für den Weihnachtsbasar zu backen, weil es Ihnen gerade zu viel wird	Eine Aufgabe, die für Sie **weder dringend noch wichtig** ist, brauchen Sie auch nicht zu erledigen oder zu delegieren. Sie wandert unbearbeitet in den gedanklichen Mülleimer. Beispiel: 🌼 mit dem Kind zum Friseur gehen, obwohl ihm die langen Locken gerade sehr gut stehen

Gelassen mit den Ansprüchen von Kita und Schule umgehen

Spätestens wenn die Kinder in die Kita oder Schule kommen, müssen sich Eltern mit vielfältigen institutionellen Vorgaben arrangieren. Meistens ist das nicht schwierig, da die meisten ErzieherInnen und Lehrkräfte es gut mit den Kindern meinen und die gegenseitigen Ansprüche weitgehend übereinstimmen. Manchmal können Fremderwartungen und eigene Vorstellungen aber auch kollidieren und so Konflikte entstehen. Hier helfen folgende Überlegungen weiter:

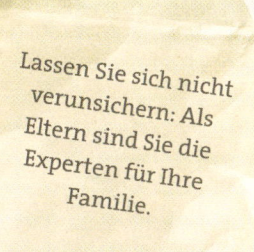

Lassen Sie sich nicht verunsichern: Als Eltern sind Sie die Experten für Ihre Familie.

- Lassen Sie sich nicht unkritisch von den Ansprüchen der Kita oder der Schule vereinnahmen. Wenn Sie andere Ansichten haben, vertreten Sie diese freundlich und klar.
- Im Mittelpunkt des Interesses sollte immer das Kind und sein Wohl stehen!
- Lassen Sie sich von Sätzen wie „Ihr Kind muss doch ...", „Ihr Kind sollte jetzt aber schon ..." nicht verunsichern. Manche Erzieherinnen und Erzieher haben sehr konkrete Vorstellungen davon, wie Kinder zu sein und Eltern sich zu verhalten haben.
- Prüfen Sie stets, wie gerechtfertigt die Vorstellungen der „Profis" sind und ob und wie Sie von ihnen profitieren können.

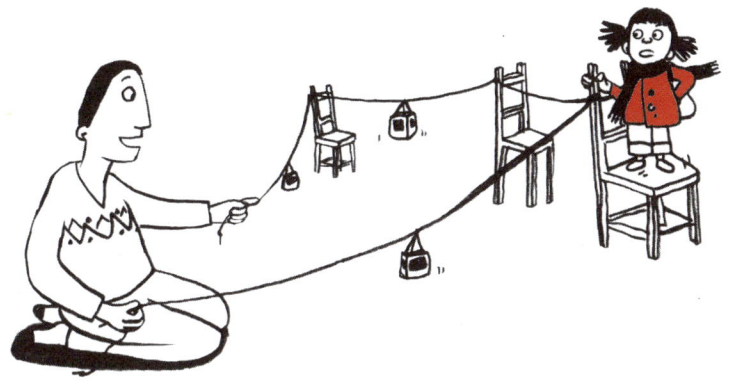

Frustrierte Kinder fordern uns heraus

5

Streiten ist gesund

Konflikte mit Kindern souverän lösen

Der fünfjährige Linus spielt im Garten mit seinem kleinen Bruder Paul. Da ruft ihre Mutter sie zum Abendessen. **Die Brüder spielen weiter, als hätten sie nichts gehört.** *Wieder fordert die Mutter sie auf, diesmal etwas ärgerlicher. „Wir kommen gleich!", ruft Linus und kickt den Ball hoch in die Luft. Paul kichert, fängt den Ball und schleudert ihn zurück. Nun eilt ihre Mutter nach draußen: „Ihr kommt jetzt sofort rein, und ihr habt heute beide Fernsehverbot!" Paul starrt seine Mutter an und beginnt zu weinen. Linus wirft wütend den Ball ins Gras und schreit: „Wieso denn? Wir haben nur Ball gespielt! Das ist voll ungerecht von dir!" – „Ruhe jetzt, sonst darfst du morgen nicht zur Geburtstagsfeier gehen!", schimpft die Mutter. Wütend und traurig machen sich Linus und Paul auf den Weg ins Haus. Ihre Mutter ist immer noch sauer, hat jedoch auch Zweifel, ob Ihre Reaktion richtig war: Musste ich gleich so streng sein? Aber ich war einfach so wütend! Vielleicht sind die Strafen übertrieben ...*

Wird bei Ihnen auch manchmal ordentlich gestritten? Die Kinder fordern lautstark ihre Rechte ein? Und auch Sie nehmen kein Blatt vor den Mund? Herzlichen Glückwunsch, in Ihrer Familie scheint wohl recht viel in Ordnung zu sein. Denn Konflikte und Probleme gehören zu einem gesunden und dynamischen Familienleben dazu. Das ist nicht immer schön und auch nicht immer einfach. Trotzdem sollten Sie dieses Aufeinandertreffen der verschiedenen Interessen nicht nur akzeptieren, sondern als wichtigen Teil Ihres Familienalltags würdigen.

Streit und Auseinandersetzungen geschehen überall dort, wo Menschen und somit unterschiedliche Bedürfnisse zusammenkommen. Ein Konflikt entsteht zum Beispiel, wenn Ihr Kind nach dem Zähneputzen einen Lolli haben möchte, Sie das aber nicht erlauben, um das Gebiss Ihres Kleinen zu schützen. Oder wenn Ihr Partner nach einem langen Arbeitstag seine Ruhe haben möchte, Sie aber in Plauderlaune sind und gerne seine ungeteilte Aufmerksamkeit hätten. Täglich müssen wir solche „Mini-Konflikte" lösen – und manchmal auch größere. Und meistens gelingt das auch irgendwie, mal mehr und mal weniger friedlich.

> Im geschützten Rahmen der Familie können Kinder lernen, ihre Meinung zu äußern und gegenüber anderen zu vertreten.

Kinder müssen gelegentlich liebevoll frustriert werden

Je enger Menschen miteinander verbunden sind, desto häufiger und heftiger streiten sie miteinander. Das liegt daran, dass in intimen und familiären Beziehungen viel Vertrauen herrscht: Man weiß, dass man aufgrund einer Streiterei nicht gleich verlassen oder verstoßen wird. Unter diesen Umständen ist es leichter, sich für seine Interessen einzusetzen und womöglich auch lautstark dafür zu kämpfen. Nicht jeder Konflikt wird jedoch so zu regeln sein, dass alle immer gleichermaßen zufrieden sind. Manchmal lässt es sich nicht vermeiden, dass ein Kind ärgerlich wird, wenn es keinen Keks mehr haben darf oder das geliebte iPad zur Seite legen muss. Kinder müssen gelegentlich frustriert werden. Wichtig ist dabei, dass man das liebevoll tut. Dann lernt das Kind, dass die Eltern zwar nicht immer seinen Launen nachgeben, ihm aber eine Art übergeordneten Schutz und einen Orientierungsrahmen bieten. Und das brauchen Kinder mehr als eine permanente, sofortige und bedingungslose Erfüllung all ihrer Wünsche.

Damit hier keine Missverständnisse entstehen: Natürlich sollten Eltern die Grundbedürfnisse des Kindes nach Nahrung, Zuwendung, Schutz, Zärtlichkeit, Trost etc. befriedigen. Das bedeutet aber nicht, dass ein Kind jederzeit immer alles bekommen sollte, was es gerade haben will. Ein kleines Kind ist nicht in der Lage, die möglichen gesundheitsschädlichen Folgen von zu vielen Süßigkeiten abzusehen oder die Gefahren im Straßenverkehr einzuschätzen. Schon deshalb sind Eltern gefordert, Maßstäbe zu setzen – und zwar zum Schutz und im Sinne des Kindes, und nicht, um es willkürlich zu gängeln.

Warum Streiten so wichtig ist

Sich innerhalb der Familie auseinandersetzen und streiten zu können, ist ein Zeichen dafür, dass die Familienstruktur gesund ist. Familien, in denen nicht gestritten werden darf, sind oft dysfunktional: Hier wird sehr viel vermieden und unterdrückt. Der Preis dafür ist hoch. Denn Konflikte wiederholt nicht austragen zu dürfen, bedeutet Bedürfnisse unterdrücken zu müssen.

Was also ist das Gute an einer Familie, in der gestritten werden darf?

Das Kind lernt hier seine Bedürfnisse zu zeigen. Zum Beispiel, indem es signalisiert, dass es Zuwendung braucht, aber auch, wenn es in der sogenannten Trotzphase Wutanfälle bekommt. Hier zeigt es sein Bedürfnis, autonom zu werden – leider wird das oft als „Ungehorsam" missinterpretiert. Weiterhin lernt ein Kind, seine Interessen zu vertreten, indem es

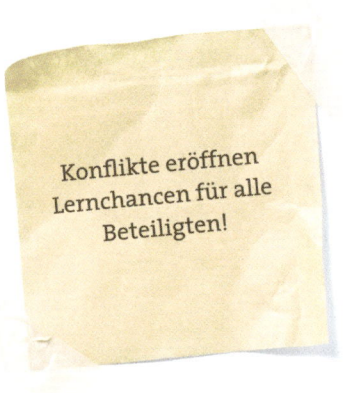

Konflikte eröffnen Lernchancen für alle Beteiligten!

zum Beispiel etwas einfordert („Ich will jetzt auf den Spielplatz gehen!"), und diese gegebenenfalls sogar gegen die Interessen eines anderen durchzusetzen.

In der Familie – und später auch in der Kita oder Schule – begreift ein Kind schnell, dass es unterschiedliche Ansichten und Bedürfnisse gibt. Es lernt, dass es auch Rücksicht auf andere nehmen muss und nicht immer sofort seinen Impulsen folgen kann und darf: „Der Leon hatte das Auto aber zuerst. Jetzt musst du noch ein bisschen warten, bis du es haben kannst."

Eltern müssen enttäuschte Kinder aushalten

Wie bereits erwähnt, lernt ein Kind in der Familie auch, Frustration zu ertragen. Dass ihm das manchmal schwerfällt, merken Eltern an den zum Teil heftigen Reaktionen auf Verbote. Aber es hilft nichts: Schokolade ist nur in Maßen gesund, und irgendwann muss die Flimmerkiste ausgestellt werden. Dafür müssen die Eltern sorgen, auch wenn es dann manchmal zu Reibereien kommt. Gelegentliches Wüten und Stampfen sind durchaus verständliche kindliche Reaktionen. Da müssen Eltern und Kinder gemeinsam durch. Je lockerer Eltern jedoch damit umgehen, desto undramatischer werden diese Konflikte letztlich ablaufen.

Wichtig für Eltern ist in diesem Zusammenhang, die eigene Fähigkeit zur Selbstberuhigung zu aktivieren. Das bedeutet, Sie sollten wissen, wie Sie es am besten schaffen, ruhig zu bleiben. Oder wie Sie es schaffen, wieder ruhig zu werden, wenn Sie sich gerade furchtbar aufregen. Überlegen Sie also, was Ihnen dabei hilft, in heiklen Situationen die Nerven zu behalten: Das kann ein kleiner Heilstein in Ihrer Hosentasche sein, den sie im gegebenen Moment in die Hand nehmen, oder ein tiefes Seufzen und Ausatmen. Manche Menschen müssen ein paar Schritte laufen, um sich abzuregen. Oft reicht so eine kleine Verschnaufpause, um sich wieder zu fangen. Jeder Mensch hat solche Strategien. Man muss sie nur (er-)kennen.

Kinder brauchen Eltern, denen sie ihren Frust zumuten können. Gut, wenn Eltern ein paar Tricks kennen, mit denen ihnen das leichter fällt.

Wann Sie sich Hilfe suchen sollten

Harmonie wird also oft überbewertet. Problematisch wird es allerdings, wenn

- sich dieselben Konflikte immer wieder ereignen, ohne dass sich eine Lösung dafür finden lässt und Sie das Gefühl bekommen, sich in einer Endlosschleife zu befinden,

- ein Familienmitglied oder mehrere dauerhaft oder immer wieder stark unter diesen Konflikten leiden,

- sich hinter den Streitereien Probleme verbergen, die tiefer sitzen und von den Betroffenen nicht erkannt werden,

- die Streitereien so eskalieren, dass es zu verbaler oder physischer Gewalt kommt.

In all diesen Fällen kann externe Beratung hilfreich sein. Es geht darum zu erfahren, was die einzelnen Familienmitglieder brauchen, und wie das Familiensystem wieder in die Balance kommen kann.

> Wenn ein Kind permanent seine Bedürfnisse unterdrückt, spürt es irgendwann nicht mehr, was es überhaupt braucht und möchte.

Wenn Ihr Kind nicht einverstanden ist …

- Hören Sie sich den Wunsch oder die Beschwerde Ihres Kindes ruhig an.

- Signalisieren Sie Ihrem Kind, dass Sie seinen Wunsch zur Kenntnis genommen haben: „Ich verstehe, dass du lieber noch weiter fernsehen möchtest."

- Nun haben Sie die Möglichkeit, entweder auf seinen Wunsch einzugehen: „Gut, wir können diese Sendung noch bis zum Schluss ansehen. Das dauert noch zehn Minuten, dann gehst du schlafen." (Am besten zeigen Sie Ihrem Kind die Zeitspanne anhand Ihrer Uhr.)

- Oder Sie setzen, je nach Situation, Ihre ursprüngliche Ansage durch und sagen: „Ich möchte, dass du morgen ausgeschlafen in die Kita gehst. Deshalb machen wir den Fernseher jetzt aus."

- Wenn Ihr Kind jetzt mault oder wütend wird, respektieren Sie das. Schimpfen Sie möglichst nicht und wenden Sie sich nicht von ihm ab. Ihr Kind darf wütend sein und sollte dafür nicht bestraft werden!

- Sollte es toben oder schlagen, wirken Sie beruhigend auf Ihr Kind ein – so gut es Ihnen gelingt. Hier hilft oft nur: tief durchatmen und warten, bis Ihr Kind sich beruhigt hat.

Auch wenn Eltern manchmal Angst haben: Kinder brauchen Gelegenheiten, ihre Grenzen auszutesten

Immer diese Sorgen

Vom Liebhaben und Loslassen

Die Mutter der fünfjährigen Valentina erhält einen Anruf im Büro: *Die Erzieherin berichtet, dass ihre Tochter in der Kita beim Toben mit Murat zusammengestoßen ist und sich den Arm verletzt hat. Es wäre schön, wenn Valentina abgeholt werden könnte. Die Mutter fährt eilig zur Kita und wendet sich dort wütend an die Erzieherin: „Wie konnte das bloß passieren? Hat hier wieder niemand aufgepasst? Sie wissen doch, dass Murat immer so wild ist!" Verblüfft erklärt die Erzieherin, dass Murat gar keine Schuld an dem Zusammenprall hatte. Doch die Mutter hört gar nicht richtig zu. Sie ist ganz aufgelöst. Schuldgefühle kommen hoch. Und das quälende Gefühl, nicht immer auf Valentina aufpassen zu können. Ein schlimmes Gefühl, vor dem sie sich schon immer gefürchtet hat ... Mit den Tränen kämpfend nimmt sie Valentina an die Hand und macht sich auf den Weg zum Arzt.*

Alle Eltern haben gelegentlich Sorge, ihrem Kind könnte etwas Schlimmes widerfahren. Nicht auszudenken, wenn es von einem Auto angefahren würde oder eine schwere Krankheit bekäme ... Diese Sorge ist ein angemessener Ausdruck unserer Liebe und unseres Verantwortungsbewusstseins. Manche Eltern leiden aber auch unter etwas stärkeren, irrationalen Ängsten. Sie befürchten, dass ihren Kindern Fürchterliches zustoßen wird, wenn sie nicht in der Nähe sind und das Geschehen nicht kontrollieren können. Mit diesen übersteigerten Ängsten umzugehen, ist nicht ganz einfach. Da reicht – wie bei Valentinas Mutter – ein kleiner Zusammenstoß in der Kita, um sämtliche Ängste zu mobilisieren und massive Schuldgefühle zu verursachen. Dabei ist es diesen Eltern klar, dass Eltern nicht immer alles verhindern können.

Elterliche Ängste sollten nicht dazu führen, dass Kinder in ihrem Alltag eingeschränkt werden. Überbehütung ist ein eher ungünstiges Erziehungsverhalten. Es hindert Kinder daran, mutig in die Welt zu gehen, Neues auszuprobieren und Vertrauen in das Wohlwollen anderer zu entwickeln. Stattdessen werden die Kinder misstrauisch und ängstlich, bleiben lange unselbstständig und entwickeln eigene Ängste. Denn Ängste werden innerhalb der Familie häufig unbewusst weitergegeben. Wenn Sie von ausgeprägten Ängsten um Ihr Kind geplagt sein sollten, bedenken Sie, dass die Ursachen für diese Grundstimmung oft in der eigenen Biografie liegen. Sollten Sie Ihr Kind in aller Regel eher verunsichernd als ermutigend begleiten, ist es ratsam, Ihre Ängste verstehen zu lernen und sie eventuell in einer Therapie zu bearbeiten.

Die eigenen Grenzen akzeptieren

Je älter das Kind wird, desto mehr müssen Eltern es loslassen. Das bedeutet nicht, dass die Beziehung zu ihm an Innigkeit verliert, sondern das Kind seinen Bewegungsradius sowie seinen Erfahrungshorizont erweitert. Braucht der Säugling noch die symbiotische Beziehung zu einer Bezugsperson, so benötigen Klein- und Kindergartenkinder immer mehr Autonomie. Das Kind begibt sich phasenweise „in die

> Eltern können ihr Kind nicht ein Leben lang vor allen Gefahren schützen.

Wenn Eltern Kindern etwas zutrauen, stärkt das deren Vertrauen in die eigenen Kräfte

Welt hinaus", um dort neue Erfahrungen zu sammeln und später wieder glücklich zu Mama und Papa zurückzukehren.

Damit das Kind diese wichtigen Lernerfahrungen machen kann, müssen die Eltern loslassen können. Das gilt für kleine Abenteuer auf dem Spielplatz ebenso wie für den ersten Tag in der Kita. Es bedeutet auch, die Verantwortung an andere abzugeben, zum Beispiel an eine Erzieherin. Des Weiteren müssen Eltern anerkennen, dass auch sie ihr Kind nur bedingt schützen können. Vor Unfällen oder Krankheiten ist niemand gefeit. Auch wenn das eine schmerzliche Einsicht ist: Wir können es gut machen, aber eben nicht hundertprozentig perfekt. Das Leben birgt Risiken, die wir nicht ausschalten können.

Eltern sollten es unterstützen, wenn ihr Kind außerhalb der Familie altersangemessene Erfahrungen macht.

Kinder immer mehr loszulassen erfordert Vertrauen in die Welt. Mit Vertrauen sind nicht naive Leichtfertigkeit und eine hohe Risikobereitschaft gemeint, sondern die Überzeugung, dass Menschen redlich sind und es überwiegend gut mit uns und unseren Liebsten meinen. Wenn wir kein Vertrauen hätten, würde in unserer Gesellschaft gar nichts funktionieren. Kein Mensch würde sich als Fußgänger über die Straße wagen, wenn er davon ausgehen müsste, dass Autofahrer nur Böses im Sinn hätten.

Es liegt auf der Hand, dass Menschen, die in ihrem Leben überwiegend positive Erfahrungen gemacht haben, leichter Vertrauen fassen können als solche, die eher negative (Bindungs-)Erfahrungen gemacht haben. Besonders Menschen, die durch nahestehende Personen Gewalt erfahren haben, fällt es schwer, anderen zu vertrauen und Gutes von ihnen zu erwarten. Mit einem solchen Hintergrund ist es besonders schwierig, sein Kind loszulassen, weil einem ständig die Angst im Nacken sitzt, ihm könnte etwas ähnlich Schlimmes widerfahren wie einem selbst.

> Je mehr Vertrauen Eltern entwickeln, desto leichter können sie ihr Kind vorübergehend in fremde Obhut geben.

Ohne Vertrauen geht es nicht

Prüfen Sie also hin und wieder, wie es um Ihr Vertrauen bestellt ist: Trauen Sie der Erzieherin zu, dass sie liebevoll mit Ihrem Kind umgeht oder es zumindest nicht schlecht behandelt? Können Sie Ihr Kind guten Gewissens und angstfrei bei einer Tante, Nachbarin oder Freundin lassen? Wichtig ist es auch, dem Kind zu vertrauen, also an seine Fähigkeit zu glauben, sich so zu entwickeln, dass es ein gutes Leben führen kann. Und nicht zuletzt: Vertrauen Sie auch sich selbst und Ihrer Erziehungskompetenz. Machen Sie sich immer wieder klar, was Sie Ihrem Kind bereits an Stärkendem in seinen mentalen Rucksack gepackt haben. Damit ist es ganz sicher gut gerüstet, um Schule und Leben bestens zu meistern!

„Helikoptern" als Kompensation

Eltern, die ihre Kinder über alle Maße materiell und emotional verwöhnen, ständig wie ein Helikopter über ihnen kreisen, tun das oft
aus einem unbewussten inneren Antrieb heraus. Den
meisten ist gar nicht klar, dass sie ihrem Kind damit
nichts Gutes tun. Sie gehen davon aus, dass sie alles
richtig machen, weil sie ja „ihr Bestes" geben.
Oft stellt dieses Erziehungsverhalten eine Kompensa-
tion dar: Eltern geben ihrem Kind im Übermaß das, was
sie möglichweise in ihrer eigenen Kindheit vermisst
haben: Schutz, Geborgenheit, Aufmerksamkeit. Oft
schießen sie dabei über das Ziel hinaus oder verken-
nen die eigentlichen Bedürfnisse ihres Kindes. Solche
„Helikopter-Eltern" leiden oft unterschwellig unter der Angst, ihrem
Kind nicht genug geben zu können. Ihre erzieherische Grundüber-
zeugung „Je mehr, desto besser" soll also ein vermeintliches Manko
ausgleichen. Dabei finden sich überbehütende Eltern manchmal
selbst anstrengend und können Entlastung erfahren, wenn sie sich
mit ihrer eigenen Geschichte auseinandersetzen und entsprechende
Trauerarbeit leisten. Das entspannt nicht nur die Erwachsenen, sondern auch die Kinder und das gesamte Familienleben.

> Versuchen Sie herauszufinden, welche Ängste oder Ansprüche hinter überfürsorglichem Verhalten stecken.

Meine Gefühle, deine Gefühle

Eine Mutter, die immer mitweint, wenn ihr Kind ein Tränchen vergießt, ist zwar mitfüh-
lend, aber oft nicht sehr hilfreich. Ein Vater, der stets wütend wird, wenn das Kind sauer
ist, sorgt eher für weitere Eskalation als für eine Beruhigung der Situation. Daher ist es
wichtig, dass Eltern sich emotional abgrenzen können. Das bedeutet keineswegs, gefühls-
kalt zu werden. Man kann gleichzeitig liebevoll zugewandt und abgegrenzt sein:

- Es gibt keine guten und schlechten Gefühle. Das Kind darf alle Gefühle haben, die es
  hat.

- Nehmen Sie die Gefühle Ihres Kindes wahr und erkennen Sie diese an („Oh, du bist
  aber ganz schön wütend, was?").

- Bleiben Sie ruhig und fühlen Sie sich nicht angegriffen: Ihr Kind weint, schreit oder
  tobt nicht, um Sie zu ärgern, sondern aus einer inneren Not heraus.

- Fragen Sie sich immer wieder: Welche Gefühle löst mein Kind in mir aus? Was berührt
  es in mir? Und was hat das mit meinen eignen Erfahrungen zu tun?

Humor sorgt für mehr Leichtigkeit im Familienalltag

7

Erziehung darf auch Spaß machen

Vom Quatschmachen, Toben und Kuscheln

Der fünfjährige Benny sitzt im Schlafanzug in seinem Zimmer und soll schlafen gehen. *Er will aber nicht. Viel lieber möchte Benny noch mit seiner Murmelbahn spielen. Sein Vater setzt sich neben ihn: „Was, du willst nicht ins Bett? Echt nicht? Prima, dann ist dein Bett ja frei. Dann lege ich mich in dein Bett. Ich bin nämlich sooo müde." Er gähnt demonstrativ. Benny schaut ihn zweifelnd an. Der Vater steht auf und legt sich auf Bennys Bett, nimmt den Teddybär in den Arm und fängt an zu schnarchen. Benny springt auf, wirft sich auf seinen Vater und ruft lachend: „Hey, das ist doch mein Bett! Gib mir meinen Teddy wieder!" Sie raufen, kichern und kuscheln miteinander. Nach einer Weile fragt Bennys Vater: „Soll ich dir jetzt noch eine kleine Gutenachtgeschichte vorlesen?" – „Ja", sagt Benny, „bitte die mit dem kleinen Eichhörnchen."*

Kindererziehung ist glücklicherweise keine langweilige und bierernste Veranstaltung, die stets ordentlich geplant und perfekt durchgeführt sein muss. Das geht auch gar nicht. Obwohl Kinder für ihre Orientierung stabile Beziehungen und eine gewisse Alltagsstruktur brauchen, sollte im Familienleben immer noch genug Raum für Spiel, Spaß und Spontaneität sein. Zu starre Prinzipien können nämlich ebenso schädlich sein wie das komplette Fehlen eines Regelsystems. Im besten Fall finden Eltern einen guten Mittelweg zwischen „klare Regeln vorgeben" und „immer schön flexibel und fantasievoll bleiben".

Kinder sind dynamische und neugierige Wesen, und bestenfalls lassen sich Eltern davon anstecken. Die kindliche Perspektive auf das Leben kann Erwachsene unglaublich inspirieren. Nicht umsonst sprechen viele Mütter und Väter davon, dass sie Natur, Technik und das Weltall durch ihre Kinder wieder neu entdeckt haben: Die Anmut einer Schnecke oder ein besonders schön geformtes Kleeblatt kann Kinder verzücken – und auch Eltern, wenn sie es zulassen. Kinder zu haben und mit ihnen zu leben, bedeutet eben nicht nur pädagogische Arbeit, Sorge und Stress, sondern auch Herausforderung, Glück und Bereicherung. Und das macht das Leben mit ihnen so wundervoll.

Was Eltern vorleben und weitergeben

Unter Erziehung versteht man ganz allgemein die Bemühungen, Kindern die sozialen, intellektuellen und lebenspraktischen Kompetenzen mitzugeben, die sie brauchen, um in der Gesellschaft zurechtzukommen. Und natürlich ist es wichtig, dass Kinder unsere Normen und Werte kennenlernen und sich in relevanten Kulturtechniken wie Lesen, Rechnen und Schreiben üben. Erziehung ist also – wer wollte das bestreiten – ein wichtiger Teil dessen, was Eltern ihren Kindern angedeihen lassen.

Doch in einer Familie passiert weit mehr als bloß Erziehung. In der Familie entwickeln Kinder ihr Weltbild und ihr Selbstverständnis. Sie bekommen erste Vorstellungen davon, wie es im Leben zugeht, und bilden Glaubenssätze aus, die sie ihr Leben lang be-

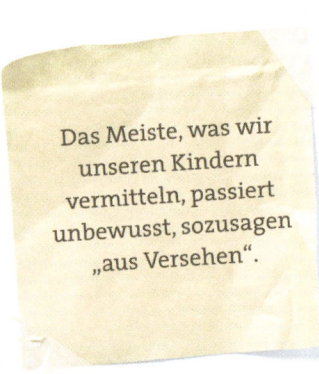

Das Meiste, was wir unseren Kindern vermitteln, passiert unbewusst, sozusagen „aus Versehen".

Offen sein für Neues: Eltern können von ihren Kindern viel lernen

gleiten werden. Das können positive Glaubenssätze sein wie „Ich bin wertvoll und wichtig" oder problematischere wie „Ich muss immer etwas leisten, um geliebt zu werden".

Eine chronisch überlastete Mutter wird ihrem Kind vielleicht unbewusst die Botschaft mitgeben, dass das Leben anstrengend und mühselig ist; ein cholerischer Vater vermittelt seinem Kind, dass man aufpassen muss, was man sagt und von sich zeigt. Eltern übertragen ihren Kindern auch unbewusst bestimmte Lebensaufgaben, sogenannte Delegationen. Solche Delegationen könnten etwa lauten: „Mach mich stolz", „Mach es später besser als ich" oder „Werde bloß nicht erfolgreicher als ich".

… und was beim Kind ankommt

So kann es durchaus interessant sein, gelegentlich seine Lebensein-
stellung und seine innere Haltung zu überprüfen und gegebenenfalls zu modifizieren. Auch sollten wir reflektieren, was wir uns von
unseren Kindern wünschen und ob diese Erwartungen angemessen und realistisch sind. Denn diese unbewussten
Botschaften sind weit prägender als alles, was wir nor-
malerwiese unter der Rubrik Erziehung zusammen-
fassen.

Überlegen auch Sie hin und wieder, was Sie Ihrem
Kind vorleben und was davon bei ihm ankommt. Ist
es so etwas wie „Meine Mama ist immer beschäftigt
und mein Papa nie da" oder eher „Manchmal kuscheln
wir oder beobachten Schmetterlinge"? Kinder nehmen
unsere Stimmungen oft unbewusst auf und bringen
diese – auf Umwegen – zum Ausdruck: So weiß man,

> Eltern können sich
> getrost vom Anspruch
> verabschieden, ihrem
> Kind dauernd etwas
> Sinnvolles beibringen
> zu müssen.

Sich Zeit nehmen, gemeinsam die Welt zu entdecken

Mehr Spiel, mehr Spaß, mehr freie Zeit!

- Genießen Sie öfter den Moment. Betrachten Sie Ihr Kind in aller Ruhe, wenn es gerade in eine liebgewonnene Tätigkeit vertieft ist, und freuen Sie sich einfach darüber, dass es da ist. Das macht garantiert glücklich!

- Geben Sie Ihrem Kind das, womit es sich gerade gerne beschäftigt, egal ob das extrem viele Kuscheleinheiten, alte Joghurtbecher oder Fingerfarben sind …

- Achten Sie darauf, dass Ihre Familie ausreichend unverplante Zeit zur Verfügung hat. Phasen zum Ausruhen und freien Spielen sind wichtig zur Regeneration.

- Blödeln Sie mit Ihrem Kind herum. Erfinden Sie Geschichten und Lieder, reimen Sie etwas oder erzählen Sie sich Witze. Humor ist ein wunderbares Mittel gegen Stress und schlechte Laune! Außerdem ist Lachen gesund: Es verbindet und stärkt sogar das Immunsystem.

- Richten Sie regelmäßige Faulenzer- oder Schlafanzugtage ein. An diesem Tag darf gegammelt werden, wie man gerade lustig ist.

dass Kinder von dauerhaft stark belasteten Eltern häufiger krank oder „verhaltensauffällig" werden. Oft wird in Familienberatungen beobachtet, wie Kinder sich beruhigen, wenn die Eltern ihren Stress reduzieren und ihre persönlichen oder beruflichen Probleme zu lösen versuchen.

Mit Kindern leben statt sie bloß zu erziehen

Im hektischen Alltagsgewusel geht uns manchmal das Wissen um den Wert der Gegenwart verloren. Denn: Was vorbei ist, ist vorbei – und was noch kommen wird, wissen wir nicht. Deshalb ist es wichtig, möglichst jeden Moment, den wir mit unseren Kindern verbringen, bewusst zu erleben. Das klappt sicher nicht immer. Doch gerade in stressigen Phasen sollte man sich hin und wieder daran erinnern, dass unser Leben im Hier und Jetzt stattfindet. Achtsamkeit lautet das Zauberwort. Im Sinne eines achtsamen Familienlebens geht es weniger darum, dem Kind ständig Dinge beizubringen,

Wenn Eltern ihre Ansprüche herunterschrauben, entsteht ein neues Lebensgefühl, das weniger Druck und mehr Familienspaß bedeutet.

Über Körperkontakt zeigen wir unseren Kindern unsere Zuneigung

die es später einmal brauchen könnte, oder dafür zu sorgen, dass es in der Woche möglichst vielen „sinnvollen" Tätigkeiten nachgeht. Es geht vielmehr darum, mit dem Kind ganz bewusst den Moment zu leben: mit ihm in Beziehung zu sein, mit ihm zu streiten, zu lachen, gemeinsam Spaß zu haben. Kurzum, all das mit ihm zu tun, was zum menschlichen Miteinander dazugehört. Und zwar jetzt!

Wenn Sie sich mental und emotional auf die zwischenmenschliche Dynamik einlassen, die Ihr Kind von Ihnen fordert, tun Sie sehr viel mehr für seine Entwicklung als durch pädagogisch wertvolles Reden und Handeln. Es geht darum, mit dem Kind eine authentische Beziehung einzugehen, und nicht darum, es zu belehren, zu korrigieren, zu fördern oder gar Verbote auszusprechen. Je öfter Sie am Tag „Ja" sagen können und je seltener Sie „Nein" sagen, desto gelassener wird Ihr Familienleben werden.

Warum liebevoller Körperkontakt für Kinder so wichtig ist

Ein liebevoller und zärtlicher Körperkontakt kann in seiner Bedeutung für die psychische Entwicklung eines Kindes kaum überschätzt werden. Nicht nur Säuglinge brauchen Berührung für ihre physische und psychische Reifung. Auch ältere Kinder benötigen ein gewisses Maß an liebevoller körperlicher Zuwendung.

Wenn Sie Ihr Kind streicheln, es umarmen, es an die Hand nehmen, spürt es nämlich ganz unmittelbar Ihre Zuneigung. Es fühlt sich ganz angenommen und geborgen. Und das ist eine wunderbare Grundlage für seine spätere Bindungsfähigkeit und Persönlichkeitsentwicklung. In kleineren Spaßrangeleien kann das Kind seine Kräfte spüren und messen, es lernt seinen Körper besser einzuschätzen, sein Selbstvertrauen wächst.

Haben Sie heute schon mit Ihrem Kind gekuschelt?

Wichtig ist allerdings, stets die Grenzen des Kindes zu achten. Wenn Ihr Kind zum Beispiel gerade ins Malen vertieft ist und keine Lust auf Kuscheln hat, sollten Sie das respektieren. Und wenn es den dicken Begrüßungskuss von Tante Lilly nicht mag, sollte es unbedingt Nein sagen dürfen. Richten Sie sich nach dem Bedürfnis Ihres Kindes: Wenn es mit Ihnen kuscheln möchte, gehen Sie soweit möglich darauf ein. Doch akzeptieren Sie es auch, wenn es mal „groß" sein will und nicht an die Hand genommen werden möchte (sofern es sich nicht um eine gefährliche Situation handelt). Wenn Ihr Kind dann auftanken will, kommt es sicher wieder auf Ihren Schoß geklettert.

Sich als Paar nicht aus den Augen verlieren

8

Lebenslust statt Alltagsfrust

Warum Eltern auch gut für sich selbst sorgen sollten

Carolin sitzt erschöpft bei ihrer Freundin Sabine. **„Ich habe das Gefühl, nur noch zu funktionieren", seufzt sie.** „Termine hier, Hektik da, dann noch die schwierige Kollegin im Büro und der nie endende Haushalt. Ich habe keine Ahnung, wie ich aus diesem Hamsterrad herauskommen soll!" Gemeinsam überlegen die beiden Freundinnen, was Carolin helfen könnte. „Das Einzige, was mir momentan wirklich guttut, ist Bewegung – Spazierengehen, Joggen, Gymnastik. Damit bekomme ich meinen Kopf wenigstens mal für fünf Minuten frei, und danach geht es mir jedes Mal besser." – „Klasse", sagt Sabine, „dann mach noch mehr davon! Auf die Dauer muss da aber noch etwas anderes passieren, sonst endest du noch in einem Burn-out. Fahr mal ein Wochenende weg, hol dir eine Putzhilfe oder arbeite weniger!" Dazu schüttelt Carolin nur matt den Kopf. „Das geht nicht", entgegnet sie. „Ich muss da jetzt durch. Ich schaff das schon irgendwie."

Der bekannte Psychologe Paul Watzlawick hat einmal gesagt: „Wenn du immer wieder das tust, was du immer schon getan hast, dann wirst du immer wieder das bekommen, was du immer schon bekommen hast. Wenn du etwas anderes haben willst, musst du etwas anderes tun." Wer etwas in seinem Leben verändern will, muss auch einmal etwas anders machen als sonst. Natürlich lassen sich die Lebensumstände nicht von heute auf morgen umkrempeln, und manchmal gilt es einfach, eine schwierige Zeit zu überwinden. Dann kann das Motto „Augen zu und durch" nützlich sein.

Hält das Hamsterrad-Gefühl jedoch über einen längeren Zeitraum hinweg an, sollte einem das zu denken geben. Leider stehen einer Veränderung oft die eigenen tiefsitzenden Glaubenssätze und Verhaltensmuster im Weg. Spätestens, wenn Eltern merken, dass sie am Rande der Erschöpfung sind, ist es Zeit, sich mit diesen womöglich noch unbewussten Mustern und Gewohnheiten auseinanderzusetzen.

> Wer seinen Kindern beibringen möchte, auf die eigenen Bedürfnisse zu hören, sollte hier mit gutem Beispiel vorangehen.

Das ist erlaubt: Zeit ohne die Kinder genießen!

Zu den typischen Gedankenmustern gehört zum Beispiel die Vorstellung, dass eine Mutter sich für die Kinder aufzuopfern habe. Kein Wunder, wird doch Mütterlichkeit immer noch mit Begriffen wie „besorgt", „hingebungsvoll", „rührend", „uneigennützig", „selbstlos" und „aufopfernd" assoziiert. Sicherlich ist es schön, wenn eine Mutter liebevoll, gütig und unterstützend ist. Wenn sie sich aufopfert, wird es hingegen für alle Beteiligten sehr anstrengend. Für die Mutter selbst am meisten, die ihre eigenen Bedürfnisse und Wünsche stets hintanstellt und unterdrückt. Anstrengend auch für die Kinder und den Partner, weil sie oft mit latenten Schuldgefühlen zu kämpfen haben. Denn häufig wird die mütterliche Selbstaufopferung zum Bumerang: Die Mutter erwartet irgendwann womöglich eine „Entschädigung" für all ihre Mühen – in Form besonders erfolgreicher Kinder oder extra viel Aufmerksamkeit. Bleibt diese Entschädigung aus, kann das eine herbe Enttäuschung für die vermeintlich selbstlose Mutter sein. Das Gefühl, sich permanent verausgabt und zu wenig dafür zurückbekommen zu haben, kann sehr deprimierend sein.

Eltern brauchen einen gesunden Egoismus

Es gibt also gute Gründe für Eltern, einen gesunden Egoismus zu pflegen. Viele Erwachsene neigen dazu, ihre Bedürfnisse nicht ernst genug zu nehmen und achtlos über sie hinwegzugehen. Dabei geht es in aller Regel weniger um die eher „oberflächlichen" Wünsche wie hoher sozialer Status, gepflegtes Eigenheim oder schickes Auto, sondern um tiefere emotionale Bedürfnisse nach Bindung, Austausch, Sexualität, Zuwendung, Zärtlichkeit, Erfahrung, Freiraum, Entwicklung, Selbsterfahrung, Selbstentfaltung ...

Wir sind in unserer Leistungsgesellschaft oft gezwungen, unsere Gefühle nicht zu spüren oder zu zeigen. Stattdessen zählen Werte wie beruflicher Erfolg, Statussymbole und ein gut gefülltes Bankkonto. Doch anders als in der Berufswelt sind wir in der der Familie als ganze Menschen gefordert. Kinder jeden Alters brauchen Eltern zum Anfassen und Fühlen. Sie brauchen um sich herum Menschen, die lachen, weinen und lebendig sind.

Nur wer gut für sich selbst sorgt, kann auch gut für andere sorgen.

Horchen Sie öfter in sich hinein: Wie geht es mir? Was brauche ich? Was tut mir gut? Wohin geht meine Sehnsucht? Wovon träume ich momentan? Auch wenn nicht alle tiefen Wünsche und Träume sofort in Erfüllung gehen können, so passiert doch innerlich sehr viel, wenn wir uns diese wenigstens gestatten. Wenn Eltern sich wieder mehr den eigenen Wünschen zuwenden, statt diese immer nur zu verdrängen, bereichert das auch ihre Kinder. Kinder freuen sich, wenn ihre Eltern sich gut um sich selbst kümmern. Manchmal entlastet es sie auch von der Vorstellung, sie seien schuld am Stress der Eltern.

Sich immer wieder einmal auf die eigenen Bedürfnisse zu konzentrieren und diese in den Vordergrund zu stellen, kann auch neue Impulse im Liebesleben setzen. Ein Wochenende nur zu zweit, während die Oma auf die Kinder aufpasst? Ganz gleich, was Sie tun, um sich und Ihrer Partnerschaft etwas Gutes zu gönnen: Auch die Kinder werden davon profitieren.

Leben statt funktionieren

Kümmern Sie sich wieder mehr um sich! Zugegeben, das ist leichter gesagt als getan. Vielbeschäftigte Eltern sind oft froh, wenn sie ihren Familienalltag einigermaßen bewältigen können. Wo soll da noch Platz für Meditation und Muße zur Selbsterfahrung sein? Das Geld muss verdient werden, der Haushalt macht sich auch nicht von allein, und die Kinder brauchen uns ebenfalls permanent. All das stimmt. Dennoch können wir stets ein bisschen an unserer inneren Haltung arbeiten.

Denken Sie öfter in Sätzen wie „Ich muss nicht perfekt sein", „Ich darf faul sein" oder „Ich darf es mir leicht

Schon kleine Pausen stärken die Lebensfreude!

machen". Ersetzen Sie jedes „muss" durch „möchte".
Ein lästiges „Ich muss noch kochen" wird so zu: „Ich
möchte noch kochen." Stimmt die Aussage dann für
Sie nicht mehr? Korrigieren Sie Ihre Worte, bis sie
für Sie „richtig" klingen: „Ich möchte, dass meine
Kinder etwas Gesundes essen. Also bin ich bereit
zu kochen, auch wenn ich gerade keine besondere Lust dazu habe." Sonst darf es vielleicht
auch einfach mal ein Butterbrot sein ...

> Sie müssen nicht gleich Ihr ganzes Leben umkrempeln. Wenn Sie sich erlauben, nicht perfekt zu sein, ist der erste Schritt getan.

Was für die Selbstsorge hilfreich ist

- Eine befriedigende Tätigkeit: Ob das ein gut dotierter Job oder
  ein interessantes Ehrenamt ist, ist dabei gleichgültig. Es geht
  darum, die eigene Tätigkeit als sinnvoll zu erleben.
- Liebe und wohlgesonnene Menschen, mit denen man über We-
  sentliches – also über persönliche Themen, Sorgen und Nöte –
  sprechen kann. Der kurze Plausch am Gartenzaun ist damit nicht
  gemeint.
- Regelmäßige Auszeiten: Ob gemeinsam oder allein, ob Sport,
  Kino, Lesen, Musizieren oder Einradfahren – wichtig ist nur, dass
  es Ihnen Spaß macht und Sie den Kopf dabei freibekommen.

Was Elternpaaren guttut

Über dem Alltagsstress verlieren sich die Partner oft aus den Augen. Je länger das so geht,
desto problematischere Auswirkungen kann es auf die Partnerschaft haben. Der Haussegen
hängt bald schief oder man lebt sich auseinander. Dagegen helfen: gemeinsame Paaraktivi-
täten, kommunikativer Austausch und Intimität.

- Fragen Sie regelmäßig nach, was Ihren Partner gerade beschäftigt. Und erzählen Sie
  ihm, was Sie gerade bewegt. Das verbindet, schafft Intimität und Verbindlichkeit.

- Verabreden Sie sich gelegentlich zu einem Rendezvous außerhalb des Hauses. Ohne
  Kinder ist ein Abend auch manchmal schön.

- Eine lebendige Sexualität hält die Beziehung dynamisch, und umgekehrt ist eine lebendige Sexualität Ausdruck einer dynamischen Beziehung. Nehmen Sie sich bewusst Zeit
  für Zärtlichkeit und Leidenschaft.

Achtsamkeit können wir von unseren Kindern lernen

In sieben Schritten zu mehr Gelassenheit

Von der Praxis der Achtsamkeit bis zum entspannten Zulassen

Gelassenheit ist eine Grundhaltung, die kaum jemandem in die Wiege gelegt wird. Die folgenden sieben Schritte können Sie auf Ihrem Weg zu mehr Gelassenheit unterstützen und so für ein entspannteres Familienleben sorgen:

1. Üben Sie sich in Achtsamkeit

Achtsam zu sein bedeutet, das, was im Augenblick geschieht, bewusst und mit allen Sinnen wahrzunehmen, ohne es zu bewerten. Das ist schwieriger als es sich anhört, weil wir oft darauf fokussiert sind, uns und unsere Kinder kritisch zu beurteilen. Achtsam in der Erziehung zu sein bedeutet, das Kind zu sehen, ohne sein Verhalten zu interpretieren oder darüber zu urteilen. Spielt Ihr Kind also gerade im Sandkasten, dann ist das weder gut noch schlecht, es ist einfach so. Wer sich regelmäßig in Achtsamkeit übt, wird merken, dass sich der Blick auf das Leben verändert, dass man innerlich ruhiger und gelassener wird. Kinder spüren diesen Effekt relativ schnell und werden dann ebenfalls entspannter. Achtsamkeitsmeditationen werden schon seit vielen Jahren erfolgreich in der Schmerz- und Psychotherapie eingesetzt, ihre Wirksamkeit ist wissenschaftlich bewiesen.

2. Üben Sie sich darin, wohlwollend zu sein

Manchmal neigen Eltern dazu, zu kritisch mit sich und ihren Kindern zu sein. Je höher die Ansprüche an die eigene Erziehungsleistung sind, desto schneller werden Sie von sich und ihren Kindern enttäuscht sein. Deshalb ist es sinnvoll, die eigenen Anforderungen zu überprüfen und gegebenenfalls herunterzuschrauben. Wohlwollend zu sein bedeutet hier auch, sich selbst und seinen Kindern zu gestatten, einmal „doof" zu sein, sich danebenzubenehmen oder Fehler zu machen.

Versuchen Sie, sich von heftigen Gefühlsausbrüchen Ihres Kindes nicht zu sehr beeindrucken zu lassen: Es wird schnell wütend oder weint bei jeder Kleinigkeit? Keine Sorge, Ihr Kind lernt schon noch, seine Impulse besser zu steuern. Geduld und Langmut zu zeigen, ist in solchen Situationen fast immer das Mittel der Wahl.

3. Üben Sie sich in Annahme

Die Kunst der Annahme besteht darin, einen Menschen ganz und gar so zu akzeptieren, wie er gerade ist; ihn mit all seinen Schwächen, Problemen und Nöten zu akzeptieren, ohne Bedingungen zu stellen. Das gelingt sicher leicht, wenn uns das Gegenüber sympathisch ist oder uns etwas Gutes tut.

Schwieriger wird es, wenn der andere etwas für uns Unangenehmes macht. Es wäre sicher ein überhöhter Anspruch, dass Eltern ihr Kind permanent bedingungslos lieben müssten. Eine prinzipiell annehmende Grundeinstellung ermöglicht es jedoch, dass das Kind auch einmal wütend sein darf, ohne dass sich seine Bezugspersonen von ihm abwenden.

Für die psychosoziale Entwicklung ist es sehr wichtig, dass ein Kind für seine Gefühle nicht bestraft wird. Je mehr sich ein Kind in seiner Gesamtheit angenommen fühlt, desto besser kann es zu einer gesunden, fröhlichen und selbstbewussten Persönlichkeit heranreifen. Probieren Sie es also hin und wieder mit dem Satz: „Ich nehme mein Kind von ganzem Herzen an, auch wenn es gerade maulig oder zornig ist." Denn, wie der Dichter Erich Fried so schön formulierte: „Es ist was es ist, sagt die Liebe."

Kindern Liebe und Geborgenheit schenken

4. Üben Sie sich darin, aufrichtig und geduldig zu sein

Versuchen Sie bloß nicht, immer pädagogisch korrekt zu sein. Das stresst, ist unnatürlich und überflüssig. Viel wichtiger, als perfekt und vorbildlich zu sein, ist es, eine echte Beziehung zum Kind zu leben. Dazu gehört es, auch mal „Ich habe heute schlechte Laune", „Ich brauche meine Ruhe" oder „Ich bin gerade etwas genervt von deinem Getrommel" zu sagen.

Bleiben Sie im Kontakt mit Ihrem Kind offen und ehrlich. Das heißt nicht, dass Sie Ihrem Kind Ihr Herz ausschütten sollten, damit es Sie tröstet, sondern dass Sie Ihr Kind an Ihrem Leben teilhaben lassen. Das ist in zweierlei Hinsicht hilf- und lehrreich: Erstens lernt Ihr Kind, mit den Gefühlen anderer Menschen umzugehen, und zweitens weiß Ihr Kind dann, woran es gerade ist. Das gibt ihm Orientierung und Sicherheit. Bleiben Sie locker und seien Sie lieber menschlich-unzulänglich als immer korrekt und pädagogisch wertvoll.

5. Üben Sie sich darin, sich auf die Ressourcen und Fähigkeiten Ihres Kindes zu konzentrieren

Wir leben in einer leistungsorientierten Gesellschaft und neigen dazu, uns zu viel mit den vermeintlichen Schwachpunkten unserer Kinder zu beschäftigen. Ein allzu defizitorientierter Blick auf das Kind ist aber nicht förderlich: Das Kind fühlt sich kritisch beobachtet, abgewertet und als „unzulänglich" abgestempelt. Kinder sind dann schnell verunsichert, was wiederum ihr Selbstwertgefühl eher schwächt als stärkt.

Natürlich sollten wir unser Kind in den Bereichen unterstützen, wo es noch Unterstützung braucht. Dennoch ist es wichtig, sich immer wieder klarzumachen, welche Stärken und Kompetenzen das Kind schon hat: Kann es zum Ausdruck bringen, was es fühlt? Malt es viele bunte Bilder? Ist es neugierig und interessiert? Welche Ängste oder Hindernisse hat es bereits bewältigt? Listen Sie innerlich einmal alle Fähigkeiten Ihres Kindes auf, die Ihnen einfallen. Sie werden staunen, was Ihr Kind schon alles kann!

6. Versuchen Sie, (alte) Ängste loszulassen

Es ist normal, dass Kinder bei ihren Eltern Sorgen und Ängste auslösen. Wenn diese Gefühle aber das Erziehungsverhalten beeinträch-
tigen und die Beziehung zum Kind belasten, sollten Eltern sich mit
der eigenen Geschichte befassen. Denn oft treffen neue Ängste auf
alte Ängste, die wir noch aus unserer Kindheit mit uns herumschlep-
pen. Diese haben zwar mit unseren eigenen Kindern recht wenig zu
tun, verstärken sich aber. Um diese Vermischung unterschiedlicher
Ängste aufzulösen ist es ratsam, sich intensiv mit seiner eigenen Biografie auseinanderzusetzen und die alten, oft verdrängten Ängste zu
bearbeiten.

7. Entschleunigen Sie Ihr Familienleben und lassen Sie Langeweile zu

Kinder brauchen uns im Hier und Jetzt. Sie benötigen ein gewisses
Maß an ungeteilter Aufmerksamkeit. Besonders aber brauchen sie
viel Zeit: Zeit für Zuwendung, Zeit fürs Beobachten, Zeit für Schmu-
seeinheiten, Zeit für sich. Und das in einer Welt, in der Zeit zu einem
knappen Gut geworden ist und volle Terminkalender zum guten Ton
gehören. Das macht es Eltern und Kinder nicht leicht.
Hier gilt es, der alltäglichen Hektik Einhalt zu gebieten und „Stopp"
zu sagen. Kinder entwickeln sich nicht schneller und schon gar nicht
besser, nur weil die Erwachsenen es eilig haben. Und deshalb sollten
Eltern hier einen Schonraum schaffen: Termine aus dem Kalender
streichen, um ein paar freie Nachmittage zu schaffen, die nur zum
Spielen, Lesen oder Garnichtstun gedacht sind; Mußestunden pflegen, in denen die Kinder in Ruhe Regenwürmer beobachten oder den
Himmel betrachten können ... Das mag für umtriebige Erwachsene
zunächst etwas langweilig sein. Mit ein bisschen Übung werden
sie die entstehende Ruhe aber vielleicht sogar genießen. Auch das
mittlerweile omnipräsente Smartphone darf dann mal zu Hause
bleiben ...

Zum Weiterlesen

Bücher für Kinder

• • • • • • • • • • • • •

Gunilla Bergström

Mach schnell, Willi Wiberg

Oetinger 2009

Willi Wiberg ist wie viele andere Kinder: Er hat seinen eigenen Kopf. Vor allem morgens kann das schwierig werden. Ein liebevoll gemachtes Buch über eine ganz normale Alltagssituation und die üblichen Stressfallen, das für mehr Verständnis für alle Beteiligten sorgt.

• • • • • • • • • • •

Karen Glistrup

WAS IST BLOß MIT MAMA LOS?

Wenn Eltern in seelische Krisen geraten – Mit Kindern über Angst, Depression, Stress und Trauma sprechen

Kösel 2014

Wenn sich Eltern in sehr belastenden Phasen oder sogar Krisen befinden, leiden sie oft unter Hilflosigkeit und starken Schuldgefühlen ihren Kindern gegenüber. Die Sozialarbeiterin und Paar- und Familientherapeutin Karen Glistrup hilft Eltern mit ihrem Bilderbuch dabei, mit ihren Kindern über diese Schwierigkeiten ins Gespräch zu kommen und sie so zu entlasten. *Für Kinder ab 3 Jahren.*

Bücher für Erwachsene

• • • • • • • • • • • •

Constanze Guhr

Mama, entspann mal!

Kritzelbuch mit 99 kleinen Pausen, die nur dir gehören

Pattloch 2014

Feines Büchlein für Mütter, um zwischen Staubwischen, Telefonaten und Kindererziehung mal zur Ruhe zu kommen – und zwar auf sehr kreativem Weg. Befreit den Kopf und beruhigt die Nerven.

• • • • • • • • • • • • • • •

Claudia Croos-Müller

Kopf hoch – das kleine Überlebensbuch: Soforthilfe bei Stress, Ärger und anderen Durchhängern

Kösel 2011

Die Ärztin und Psychotherapeutin Claudia Croos-Müller stellt zwölf einfache Körperübungen vor, die ebenso schnell wie wirksam das Wohlbefinden steigern. Hübsch illustriert und kleinformatig, daher auch für die Handtasche geeignet.

• • • • • • • • • • • • • • • • • •

Jon Kabat-Zinn / Lienhard Valentin

Stressbewältigung durch die Praxis der Achtsamkeit

CD mit Begleitheft, Arbor 2014

Die CD mit Begleitheft ist eine gute Anleitung für verschiedene Achtsamkeitsmeditationen, die auch für Anfänger bestens geeignet sind.

· · · · · · · · · ·

Mirriam Prieß

Burnout kommt nicht nur von Stress: Warum wir wirklich ausbrennen – und wie wir zu uns selbst zurückfinden

Südwest 2013

Abseits der gängigen Theorie, dass der Stress im Job krank macht, geht die Ärztin für Psychosomatik den wirklichen Ursachen für Dauererschöpfung auf den Grund. Sie zeigt auf, dass ausgebrannte Menschen oft sehr lange nicht auf die eigenen Gefühle gehört haben, und gibt Hinweise, wie man aus der Burn-out-Falle kommen kann: indem man wieder „richtig" in Kontakt mit sich selbst kommt.

· · · · · · · · · · · · · · · · · · · ·

Myla Kabat-Zinn & Jon Kabat-Zinn

Mit Kindern wachsen: Die Praxis der Achtsamkeit in der Familie

Arbor 2015

Die Autoren Myla Kabat-Zinn und Jon Kabat-Zinn haben ihren 18 Jahre alten Klassiker runderneuert und überarbeitet, an ihrer Kernaussage aber nichts geändert: Die Praxis der Achtsamkeit hat vielschichtige positive Effekte für die gesamte Familie und kann für ein erfüllteres Leben sorgen. Mit vielen praktischen Beispielen und hilfreichen Tipps für ein achtsames und liebevolles Leben mit Kindern.

· · · · · · · · ·

Dunja Voos

Die eigene Angst verstehen. Ein Ratgeber

Psychosozial-Verlag 2015

Ein wertvolles Buch, um sich mit stark ausgeprägten Ängsten auseinanderzusetzen.

· · · · · · · · · · · · · · ·

Matthias Niggehoff

Gelassen wachsen: Ein psychologischer Ratgeber für Eltern

Tredition 2014

Der Psychologe und Jugendcoach Matthias Niggehoff geht den Fragen nach, wie man gelassener mit Konflikten und Stress umgehen kann und wie man es schafft, Kinder zu Gelassenheit und Selbstständigkeit zu erziehen. Mit praktischen Tipps, Beispielen und Übungen.

· · · · · · · · · · · ·

Sarah Napthali

Der kleine buddhistische Erziehungsberater: Entspannt durch die ersten Lebensjahre

Knaur 2013

Die zweifache Mutter und praktizierende Buddhistin Sarah Napthali gibt Tipps für Eltern, die geduldiger und achtsamer mit sich und ihren Kindern umgehen möchten.

· · · · · · · · · ·

Naomi Aldort

Von der Erziehung zur Einfühlung – Wie Eltern und Kinder gemeinsam wachsen können

Arbor 2008

Kein üblicher Erziehungsratgeber, der Eltern zeigen will, wie man Kinder am effektivsten dazu bringt, das zu tun, was man möchte: Die Autorin Naomi Aldorf beschreibt vielmehr einen Ansatz, in dem es darum geht, ein tiefes Verständnis für das Kind zu entwickeln und es auf diese – etwas andere – Weise liebevoll zu fördern.

Die Autorin

Felicitas Römer ist systemische Paar- und Familientherapeutin, Autorin und Mutter von vier Kindern. Sie hat zahlreiche Texte und Bücher rund um die Themen Familie, Erziehung und Partnerschaft verfasst, unter anderem „Meine liebe Nervensäge. Warum störende Kinder nicht gestört sind und wie wir ihnen helfen können" sowie „Typisch Eltern. 7 Arten, Kinder zu (v)erziehen". Mehr unter www.felicitas-roemer.de.

Impressum

„Bleib locker, Mama!" ist ein Sonderprodukt der Zeitschrift *kizz* und des Internetauftritts *www.kizz.de*.

© Verlag Herder Freiburg im Breisgau 2016
Alle Rechte vorbehalten
www.herder.de

Fotos:
Titelfoto: Getty Images
Seite 10, 16, 19, 22, 26, 36, 39, 42, 46, 48, 50, 52, 56: plainpicture
Seite 4, 8, 30: Getty Images
Seite 25, 45, 59: Photocase

Illustrationen: Julia Dürr, www.juliaduerr.net
Umschlagkonzeption: Beatrice Hofmann, Beeconcept, Mühltal
Umschlaggestaltung: Manuela Wiedensohler, www.schwarzwald-maedel .de
Satz und Layout: Arnold & Domnick, Leipzig
Herstellung: Graspo CZ, Zlín
Printed in Czech Republik

ISBN 978-3-451-00685-2

MIX
Paper from
responsible sources
FSC® C010798